D1829797

Falk van Helsing

wurde 1965 in Hamburg geboren und absolvierte dort eine Irrtumslehre. Seit langem schlägt er sich als Amtsrichter mit den ebenso zahlreichen wie unausrottbaren Rechtsirrtümern der Bürger herum. Er hat schon mehr als ein Dutzend juristische Humorbücher veröffentlicht. Falk van Helsing ist natürlich ein Pseudonym. Seine Eltern hatten ihm versehentlich einen nur wenig verkaufsfördernden Allerweltsnamen gegeben.

Cartoons Inhalt: Claus-Wilhelm Kühnhold
Cartoons Cover und Vorsätze: Gerold Paulus

© 2009 Lappan Verlag GmbH
Postfach 3407, 26024 Oldenburg
www.lappan.de
Gesamtherstellung:
L.E.G.O. S.p.A.-Vicenza,
Printed in Italy
ISBN 978-3-8303-3222-0

Falk van Helsing

Die heiligen drei Nachmieter

und andere juristische Irrtümer

mit Illustrationen von
Claus-Wilhelm Kühnhold

LAPPAN

Inhaltsverzeichnis

I. Einleitung

Was antworten Sie einem Kind, wenn es fragt, wie ein Richter aussieht? Schwarze Robe, weiße Perücke und einen Holzhammer, werden Sie wahrscheinlich antworten.

Wie viele Nachmieter müssen Sie zur Abkürzung der Kündigungsfrist stellen und wie oft den Kellner zum Kassieren gerufen haben, bevor Sie, ohne zu bezahlen, gehen können? Drei wird in beiden Fällen ihre Antwort lauten.

Was müssen Sie nach einem Parkplatzunfall tun? Klar, das Autowrack mit einem Handtuch sichern. Und wie können Sie sich eine Liege am Hotelpool reservieren? Die Antwort ist leicht. Ein Zettel an der Windschutzscheibe reicht.

In allen Fällen hätten Sie falsch gelegen. Wahrscheinlich sind auch Sie schon einmal einem juristischen Märchen aufgesessen. Denn wer hat noch nie das

Baustellenschild „Betreten verboten. Kinder haften für ihre Eltern“ gesehen? Wer hat noch nie von den nicht existenten Delikten Beamtenbeleidigung und Samenraub gehört? Glaubt nicht jeder dem Werbespot „Raubkopierer sind Verbrecher“? Ist der Wintereinbruch tatsächlich nicht strafbar?

Dieses Buch räumt auf witzige Art mit den populärsten juristischen Mythen auf. Wer bislang dachte, Recht sei langweilig, wird eines Besseren belehrt. Freuen Sie sich auf die kuriosesten Rechtsirrtümer!

II. Gerichtssaaltiger, Geschworene und Überraschungszeugen

Rechtsirrtümer rund um Gericht, Paragrafen und Polizei

Unwahrzeichen der Justiz

Die Justitia gilt als Wahrzeichen der Justiz. Die Jungfrau mit verbundenen Augen, die in einer Hand eine Waage, in der anderen das Richtschwert hält, soll verdeutlichen, dass das Recht ohne Ansehen der Person (Augenbinde), nach sorgfältiger Abwägung der Sachlage (Waage) gesprochen und schließlich mit der nötigen Härte (Richtschwert) durchgesetzt wird. Das glauben manchmal sogar Juristen, obwohl sie es besser wissen müssten. Die Augenbinde steht in Wirklichkeit für die Blindheit der Justiz. Die sorgfältige Abwägung der Sachlage besteht im Würfeln. Doch ein Würfelbecher in der Hand der Justitia hätte zu sehr nach Kneipe ausgesehen, deshalb hat man die Waage genommen. Das Schwert hat mit der angeblichen Schneidigkeit der Justiz nichts zu tun, sondern ist eine Reminiszenz an das Mittelalter und damit ein Symbol für ihre Rückständigkeit. Schon seit Jahrhunderten wird die Todesstrafe nicht mehr mit dem Schwert vollstreckt. Die moderne Justitia müsste wohl eine Giftspritze in der Hand halten. In Auftrag gegeben war die Skulptur übrigens als Schildkröte, um beim Bürger keine übertriebenen Erwartungen in die Schnelligkeit der Justiz zu wecken. Doch der Bildhauer war gerade frisch verliebt, und so ist aus der Schildkröte eine Jungfrau geworden.

Richterlicher Thronsaal

Wie ein Gerichtssaal aussieht, weiß man aus Kino und Fernsehen. An der Stirnseite thront der Gralshüter der Gerechtigkeit auf einem um 11 Bruttoregistertonnen erhöhten Podest in einem holzgetäfelten Gerichtssaal von der Größe eines Thronsaals. Links und rechts vor dem Richterpodest befinden sich die Tische der Anklage und der Verteidigung, die Geschworenenbank sowie der heiße Stuhl für den Zeugen. Im hinteren Teil sind die vollbesetzten Bänke des Zuschauerraums, der an die 1200

Menschen fasst. In Wirklichkeit verdienen deutsche Gerichtssäle kaum ihre Bezeichnung als Saal. Sie sehen eher wie das schäbige Klassenzimmer einer Hauptschule vor der Asbestsanierung aus. Dreißig Milliampere, grauer, abgewetzter Linoleumboden, knarrendes Sperrholzmobiliar und natürlich kein Richterpodest. Bringt der Verteidiger noch eine Praktikantin mit, muss die Kammer wegen Überfüllung geschlossen werden.

Der Hammer des Justizpinguins

Erkennungszeichen des Richters ist sein Holzhammer, mit dem er regelmäßig und laut auf das Richterpult einschlägt. „Ruhe – oder ich lasse den Saal räumen, KNALL, KNALL, KNALL." Jeder kennt das. Nur dass deutsche Richterstuhlhocker überhaupt keine Hämmer haben. Die Justiz muss schließlich sparen. Sie müssen leider auf das Symbol von Autorität und Herrschaftsgewalt verzichten. Statt des nützlichen ruhestiftenden Werkzeugs müssen sie mit der Faust auf den Tisch schlagen oder Ruhestörer so lange würgen, bis sie blau anlaufend verstummen.

Euer hochwürdigster Gnaden

Die korrekte Anrede für Richter lautet Euer Ehren, glauben viele. Das gilt auch, wenn der Paragrafen-Klugscheißer keine weiße Lockenperücke trägt. Alternativ kommt auch Euer Gnaden in Betracht. Bei Letzterem können Sie noch ein hochwürdigste einsetzen. Euer hochwürdigste Gnaden, Hüter der Weisheit und der Gerechtigkeit dürfte vor allem Amtsrichter erfreuen. Tatsächlich ist die Anrede mit Euer Ehren hierzulande unüblich. Ein simples Herr Vorsitzender oder Frau Vorsitzende reicht vollkommen.

Die zwölf Geschworenen

„Wo sitzen denn hier die Geschworenen?“, wollte neulich ein Schüler von mir wissen. „Die sind in den Gerichtsferien, weshalb ich allein entscheiden muss“, habe ich ihm geantwortet. Geschworene gehören leider zu den ausgestorbenen Gattungen im Primatenzoo der Justiz. Schon seit 1924 wird auf diese schöne Form der Bürgerbeteiligung verzichtet. In Deutschland gibt es zwar noch ein Schwurgericht, Geschworene findet man dort heute nicht mehr. Muss der Richter halt allein schwören.

Der Bluthund von der Anklagebehörde

Gern glaubt der Bürger, der Staatsanwalt muss alles tun, damit der Angeklagte die Todesstrafe bekommt, selbst wenn er weiß, dass er unschuldig ist. Ein geradezu grotesker Rechtsirrtum. Selbstverständlich ist die Staatsanwaltschaft die objektivste Behörde der Welt, die nicht nur die belastenden, sondern auch geradezu zwanghaft die entlastenden Umstände ermittelt. Jede Einstellung und jeder Freispruch wird vom Oberverdachtsschöpfer als Sieg der Gerechtigkeit erlebt. Darüber sollten Sie ruhig mal nachdenken, wenn Sie das nächste Mal ein paar Jahre unschuldig einsitzen.

Der Freispruchgarant

Aufgabe des Strafverteidigers ist es, mit allen Mitteln einen Freispruch des Todeskandidaten zu erreichen, weiß der Volksmund. Dies gilt insbesondere dann, wenn der Mandantenjäger weiß, dass sein Berufsverbrecher schuldig ist. Er würde alle Tricks und Schliche sowie ein Heer von Privatdetektiven aufbieten, um ihn rauszuboxen. In der Realität schuldet die Mietschnauze jedoch nur die bestmögliche Verteidigung seines Studenten der Knastologie und Gitterkunde. Bei erdrückender Beweislage und massiven Vorstrafen erschöpft sich die anwaltliche Kunst oft auf das Vorbringen von Strafmilderungsgründen oder schlicht auf das Winseln um Gnade. In hoffnungslosen Fällen wird das Plädoyer durch gemeinsames Beten auf der Anklagebank ersetzt.

Anwalt auf Krankenschein

Ein unausrottbarer Irrtum vieler Angeklagter ist, dass sie einen Anspruch auf einen Pflichtverteidiger haben, wenn sie sich keinen eigenen Anwalt leisten können. Da irrt der verwöhnte Hartz-IV-Zausel. Denn die Bestellung eines

Pflichtverteidigers hängt überhaupt nicht von dem Kontostand des Angeklagten, sondern allein von der Schwere des Anklagevorwurfs ab. Wenn beispielsweise das Wort Angeklagter in der Anklageschrift durch Todeskandidat ersetzt wurde, liegt zweifellos ein Fall der Pflichtverteidigung vor.

Geldgierige Anwälte

Ein populäres Vorurteil besagt, Anwälte seien geldgierig und skrupellos. Einzig am Honorar interessiert ,sei ihnen das Wohl ihrer Mandanten völlig egal. Glauben Sie mir, das ist nicht der Fall. Insgeheim plant der Anwalt ihres Vertrauens, nach der Honorareinziehung auch noch Ihre Frau zu vernaschen, während Sie unschuldig im Hotel mit Gitterblick einsitzen. Seien Sie froh, dass Sie keine minderjährige Tochter haben.

Reich durch Mandantenmelken

Mit ein paar kurzen Standardbriefen aus dem Textbaukasten des Computers verdient sich der Winkeladvokat sein Geld für den neuen Porsche, glaubt der ökonomisch Benachteiligte neidisch. Doch sind die Zeiten, in denen einem der Beruf des Rechtsanwalts schnell zu Wohlstand und Ansehen gebracht hat, längst passé. Grund hierfür ist die Anwaltsschwemme. Alle paar Jahre ver-x-facht sich die Population der Mietmäuler wie bei den Lemmingen, ohne dass der Rechtsberatungsbedarf in gleicher Weise steigt und leider auch ohne anschließenden kollektiven Freitod. Auf einen Einwohner kommen statistisch schon zwei Advokaten, die sich um das eine, nicht vorhandene Mandat streiten. So wird der Kuchen in immer kleinere Krümel zerlegt, und die meisten Anwälte enden als Spezialisten für kleine Streitwerte, wobei die Robe vom Sozialamt gesponsert wird.

Ich bin ein Paragraf – holt mich hier raus!

Gern wird über den Paragrafendschungel gelästert. Es gäbe zu viele Gesetze, und sie seien zu kompliziert. Der normale Bürger würde sich im geltenden Recht nicht mehr zurechtfinden. Der Paragrafendschungel ist natürlich ein Märchen. Jeder, der über ein Minimum an Lesekapazität verfügt, entsprechend in etwa dem Fassungsvermögen der Deutschen Nationalbibliothek, und einen IQ von 500 oder höher hat, kann die Gesetze verstehen. Gut, es braucht vielleicht ein paar Jahre Einarbeitungszeit. Dann aber ist die Erlangung der Gesetzeskenntnis nicht schwerer als die Planung der ersten bemannten Marsmission.

Einspruch!

„Einspruch, Euer Ehren", ist der häufigste Satz in Gerichtskrimis. Der Einspruchrufer will damit unzulässige Fragen an den Zeugen rügen. Zwar sieht die Strafprozessordnung in der Hauptverhandlung keinen Ein-

spruch vor, es klingt aber einfach zu gut. Der Justizpinguin haut als Antwort mit dem Hammer auf den Tisch und brüllt „Abgewiesen!“, das absolute Lieblingswort aller Richter. So haben beide ihren Spaß.

Der Gerichtssaaltiger

In der medialen Realität dürfen die Gerichtssaalstars ihre Hyperaktivität ausleben und mit wehender Robe im

Saal ständig auf und ab rennen. Insbesondere Zeugenbefragungen und Plädoyers werden immer mit einem dynamischen, bühnenreifen Auftritt verbunden. Manchmal rennen sie auch auf der Suche nach der Wahrheit oder dem Honorar sogar aus dem Saal und müssen erst über die zuständige Botschaft zurückgebracht werden. Ein Anwalt im richtigen Leben ist dagegen bereits von dem Hinweg zum Schwurgerichtshof erschöpft und bleibt während der Verhandlung apathisch an seinem Tisch hängen. Sich trotz Überwicht und Alkoholismus noch in den Saal im ersten Stock geschleppt zu haben, stellt für manche schon eine olympische Herausforderung dar.

Brüllaffen im Gerichtssaal

Gerichtsshows im Unterschichten-TV ersetzen nicht nur ein komplettes Jurastudium, sondern sind auch ein echtes Vorbild für angemessene Umgangsformen im Gerichtssaal. Breite Bevölkerungsschichten glauben, dass aggressive Wortwechsel, Zwischenrufe aus dem Publikum und Herumbrüllen einfach zu einer richtig zünftigen Gerichtsverhandlung gehören. Nicht die Überzeugungskraft des Arguments, sondern die Lautstärke seiner Darbietung führt zum Prozesssieg, glauben sie. Der Sieg ist nahe, wenn das Gebrüll auch noch im über hundert Kilometer entfernten Oberlandesgericht hörbar ist. Groß ist in echten Gerichtsverhandlungen jedes Mal das Erstaunen, wenn der

Richter dazwischenfährt und Krakeeler schlicht aus dem Saals schmeißt. Das macht die Salesch nie, schlurfen sie dann maulend aus dem Saal. Ich durfte gerade einmal drei Schimpfwörter brüllen, da war schon Schluss.

Kreuzverhör vor der Werbepause

„Kreuzverhör, Herr Staatsanwalt!", kündigt die dramatische abwechselnde Vernehmung eines Zeugen durch Staatsanwalt und Verteidiger an. Von beiden Seiten heftig in die Zange genommen, verwickelt sich der Zeuge bald in Widersprüche und bricht weinend zusammen. Dies allerdings nur im Fernsehen. In der wirklichen Hauptverhandlung obliegt die Befragung grundsätzlich dem Rechtsbeuger am Richtertresen. Der Anklagenfritze und der Mandantenversteher können lediglich ergänzende Fragen stellen.

Wann kommt der Überraschungszeuge?

Angeklagte schauen gelegentlich verstohlen zur Tür oder auf die Zuschauerbänke. Sie warten auf den Überraschungszeugen. Wenn die Sache hoffnungslos erscheint, lange Jahre im Justizschließfach schon sicher winken, kann nur noch der Überraschungszeuge Rettung bringen. Ein Zeuge, der zuvor still im Zuschauerraum gesessen hat, meldet sich zu Wort und – Bingo! – überraschende Wendung, und der Fall ist gelöst. Oder ein Mitarbeiter des Verteidigers kommt unverhofft zur Tür herein und präsentiert in letzter Minute neue Ermittlungsergebnisse. In der Wirklichkeit kommen solche Überraschungen nicht vor, da Anklage erst erhoben wird, wenn der Fall ausermittelt ist.

Aussage gegen Aussage

Die können mir gar nichts, denn es steht Aussage gegen Aussage, denken die stets Unschuldigen auf der Anklagebank, wenn es als Zeuge für die Straftat nur das Opfer gibt. Falsch gedacht, denn bei Aussage gegen Aussage wird nicht automatisch nach dem Grundsatz „Im Zweifel für den Angeklagten" freigesprochen. Der Kuttinger hat die Aussagen vielmehr im Rahmen der Beweiswürdigung auszuwerten. Ergebnis ist meist, dass dem Trauzeugen geglaubt wird und dem Schon-fast-Verurteilten nicht. Grund hierfür ist, dass der Angeklagte kraft Gesetzes lügen darf und es deshalb auch tut, während der Zeuge Jehovas unter Strafandrohung zu einer wahrheitsgemäßen Aussage verpflichtet ist.

Wer zu spät vorträgt, den bestraft die ZPO

Parteien in Zivilprozessen glauben oft, in der mündlichen Verhandlung werde ihr Fall von A bis Z aufgerollt. In dieser Richtersprechstunde wäre Gelegenheit, dem großen Rechtsverweigerer in epischer Breite alles zu erzählen, was man zu seinem Rechtsstreit auf dem Herzen hat. Manche schleppen ganze Aktenordner mit, die sie mit dem Paragrafenmelker durchgehen wollen. Durch diesen weitverbreiteten Irrtum sind schon viele Zivilprozesse verloren worden. Denn die mündliche Verhandlung ist durch Schriftsätze vorzubereiten. Sachvortrag, der nicht bereits schriftsätzlich vorgetragen worden ist und erstmals in der mündlichen Verhandlung erfolgt, wird regelmäßig als verspätet zurückgewiesen.

Mindeststreitwert für Klage

Viele Klagokraten glauben, es gäbe einen Mindeststreitwert, ab dem man erst eine Klage erheben kann. Bei Kleinstforderungen sei es nicht gerechtfertigt, einen Paragrafentempel anzurufen. Im Unterschied zum Versandhandel kennt die Zivilprozessordnung für einen Rechtsstreit jedoch keinen Mindestbetrag. Es ist deshalb auch möglich, jemanden auf Zahlung von einem Cent zu verklagen.

Vergleich als Sieg

Ein magerer Vergleich ist besser als ein fetter Prozess, lautet ein Sprichwort. Das hämmern Richter jedenfalls den Parteien ein, um sich die Absetzung des Urteils zu sparen. Es wird mit einem Prozessverlust und hohen Kosten gedroht. Geschickte Vergleich-als-Sieg-Verkäufer können die Sache so darstellen, dass bei Nichtabschluss des Vergleichs alle verlieren werden. Ein aufgenötigter Vergleich ist besser als ein langes Urteil schreiben müssen, denkt das richterliche Faultier. Dabei ist es oft besser, einen unangemessenen Vergleich abzulehnen und sein Glück in der nächsten Instanz zu versuchen.

Präzedenzfälle

Mit dem Urteil hat das Amtsgerücht Bitterfeld einen Präzedenzfall geschaffen, liest man so oder ähnlich regelmäßig in den Zeitungen. Andere Gerichte müssten jetzt in gleich gelagerten Fällen genauso entscheiden. Das ist völlig falsch, denn der Richter ist bei seiner Entscheidung nur an die zehn Gebote und nicht an die Richterwische anderer Desillusionsanstalten des Rechts gebunden. Den Begriff des Präzedenzfalls gibt es im deutschen Recht nicht. Er entstammt dem angloamerikanischen Rechtssystem, welches unter anderem auf der Auswertung vergleichbarer Gerichtsentscheidungen basiert. In Deutschland müssen die Richter noch selbst nachdenken. Ob das gut oder schlecht ist, überlasse ich ihrer Fantasie.

Die Mühlen der Justiz

Ein beliebtes Vorurteil lautet, die Justiz sei zu langsam. Verfahren würden sich wie chronische Leiden über Jahre hinziehen. Mancher Unternehmer, der Forderungen eintreiben will, gehe zwischenzeitlich pleite. Schwerverbrecher müssten aus der U-Haft freigelas-

sen werden, weil innerhalb deren Höchstdauer nicht mit dem Prozess begonnen werden könne. Dabei sind quälend lange Prozesse ein Märchen. Die durchschnittliche Prozessdauer beträgt nur 7,1 auf der Richterskala. Wenn die Prozessbeteiligten bei Beginn unter

50 Jahren sind, sind die Chancen hervorragend, dass sie sein Ende noch miterleben werden.

Urteil statt Gerechtigkeit

„Ich will Gerechtigkeit!“, echauffiert sich mancher Justizkundige in der Verhandlung. „Hier gibt es keine Gerechtigkeit, sondern Urteile“, wird der Richter zurückmaulen. „Schließlich haben wir den Rechtsstaat.“ Der Robenträger will damit sagen, dass Recht und Gerechtigkeit zwei Paar Schuhe sind. Wenn die Anwendung des geltenden Rechts zu Gerechtigkeit führt, stört das nicht. Zwingend erforderlich ist es aber nicht. Justiz hat nach Prof. Rosendorfer mit Gerechtigkeit so viel zu tun wie die Landeskirchenverwaltung mit dem lieben Gott.

Fehlender Durchsuchungsbefehl

Es klopft morgens um fünf Uhr energisch an der Tür. Die Polizei begehrt Einlass. Verschlafen, aber trotzdem lächelnd, fragen Sie: „Haben Sie überhaupt einen Durchsuchungsbefehl?“. Verdutzt werden Sie feststellen, dass die Frage die Cops nicht stoppt und ihre Wohnung in den nächsten Minuten trotz ihres Protestes auf den Kopf gestellt wird. Bei Gefahr in Verzug, wenn die Durchsuchung dringend ist und der Erlass einer richterlichen Durchsuchungsanordnung nicht abgewartet werden kann, kann auch ganz ohne Richterwisch durchsucht werden. Der Begriff der Gefahr in Verzug wird von den Polizisten dabei recht großzügig ausgelegt, vor allem morgens um fünf, wenn noch kein Richter erreichbar ist.

Zuchthaus für Nichterscheinen

Aussageunwilligen wird von der Kripo gerne mit der Vorladung ins Präsidium gedroht. In dem Glauben, Vorladungen der Polizei müsse man Folge leisten, erfolgt dann zur Abwendung des Präsidiumsaufenthalts das Spontangeständnis. Dabei sind Vorladungen der Polizei unverbindlich. Es erfolgt keine Vorführung in Handschellen, wenn man sie schlicht ignoriert. Nur Ladungen durch die Staatsanwaltschaft oder das Gericht müssen befolgt werden.

Rechtsbeugung

„Das ist Rechtsbeugung!", brüllt manches vermeintliche Justizopfer über den Gerichtsflur. Wenn jemand vor Gericht verliert, so kann das unmöglich daran liegen, dass er im Unrecht ist. Nein, der Richter muss einen schweren Fehler gemacht haben. Klarer Fall von Rechtsbeugung. Während vor allem die ewigen Verlierer Gerichte für Rechtsbeugungszentren halten, kommen diese in der Praxis höchst selten vor. (Die Rechtsbeugungen, nicht die Verlierer.) Nicht jede unrichtige Rechtsanwendung stellt gleich eine Rechtsbeugung dar. Der Richter muss die falsche Entscheidung zudem vorsätzlich getroffen haben. Mit den Worten „Wozu das Recht nur sanft biegen, wenn man es auch wuchtig brechen kann?", wird wohl kaum ein Richter seine Verhandlung beginnen.

Nach Hause telefonieren

„Sie haben einen Anruf frei", gilt nur für Festgenommene in Fernsehkrimis. In der rauen Wirklichkeit deutscher Polizeireviere gibt es keinen Anspruch auf einen Anruf bei einer beliebigen Person. Das wäre ja noch schöner, wenn die Polizei ihr Telefon für die Warnung von Komplizen zur Verfügung stellen müsste. Allenfalls einen Anwalt lässt die Polizei den Fastknacki anrufen, aber nur dann, wenn sie ihn nicht für einen Komplizen hält.

Jura ist trocken

lautet ein bekanntes Klischee über das Jurastudium. Dabei stimmt das gar nicht. Lange Jahre in der Bibliothek, eingesperrt zwischen verstaubten Gesetzesbüchern, können sehr spannend sein. Allein wie viele Versionen des Paragrafenzeichens es gibt! Und zu jedem Paragrafen gibt es mindestens drei Theorien! Und erst das Paragrafenzählen. Es muss wohl weit mehr Paragrafen als Einwohner Deutschlands geben. Während die Bücher um ihn herum langsam zu Staub zerfallen, kann der Frischluftallergiker in den klein gedruckten Seiten jeden Tag neue Entdeckungen machen.

Auch wenn die Sehkraft angesichts der Mikroschrift langsam nachlässt, (ab dem vierten Semester müssen alle Studenten in der Regel eine Brille tragen), geht der Lesestoff nie aus. Es gibt nichts Spannenderes als das Studium der Rechtswissenschaften.

Bin ich Jurist – und wenn ja, wie viele?

Die Juristerei ist eine exakte Wissenschaft. Der juristische Laie glaubt, mehrere Paragrafenjünger würden bei der Bewertung eines Sachverhalts immer zu derselben Lösung kommen. Doch weit gefehlt! Es gilt stattdessen der Grundsatz: „Zwei Juristen, drei Meinungen". Der Auslegungsspielraum der meisten Gesetze ist so breit wie ein Zecher nach drei Flaschen Schnaps. Und das ist auch gut so. Denn wovon sollten die gefühlten 10 Millionen Anwälte leben, wenn es Klarheit in unserem Rechtssystem gäbe?

Fachanwalt für Gartenzwergrecht

Nach einem Blick in die Gelben Seiten unter „Rechtsanwälte" stellt man erstaunt fest, dass es Experten für nahezu jedes Rechtsgebiet gibt. Es gibt Rechtsgebiete wie Kinderwagenrecht, Waterkantrecht und Jetzt-erst-recht. In Wirklichkeit gibt es die meisten dieser Rechtsgebiete nicht. In einem überlaufenen Beruf suchen die Junganwälte ihr Heil in der Nischenstrategie. Suche dir ein von den Konkurrenten ignoriertes Rechtsgebiet aus und erkläre dich zum Spezialisten dafür.

EU-Gurkenkrümmung

Gerne kolportiert wird, dass eine EU-Verordnung den Krümmungsgrad von Gurken und Bananen vorschreibt. Doch dies gehört in den Bereich der EU-Mythen. Tatsächlich ist es Gurken und Bananen nicht verboten, so krumm zu wachsen, wie es ihnen beliebt. Die Krümmung von Naturprodukten wurde zwar normiert, doch dies nur zwecks der Einordnung in Handelsklassen. Es passen einfach mehr gerade als krumme Gurken in ein Glas.

Datenschutzdefizite

Der mündige Bürger weiß, dass der Datenschutz Beeinträchtigungen des Rechts auf informationelle Selbstbestimmung verhindern soll. Irrtümlich nimmt er an, der Datenschutz gelte für seine persönlichen Daten. Weit gefehlt. Gemeint ist das Selbstbestimmungsrecht des Staates, auf alle Informationen bezüglich seiner Bürger frei zugreifen zu können. Die informationelle Selbstbestimmung der Bundesrepublik Deutschland konnte in den letzten Jahren unter dem Eindruck von vermeintlichen Terrorismusgefahren deutlich verbessert werden. Flächendeckende Telefonüberwachung, Bewegungsprofile durch Mautdaten und die Aufhebung des Bankgeheimnisses sollen als Stichworte genügen. Doch noch bestehen Defizite hinsichtlich der informationellen Selbstbestimmung des Staates. Die in dieser Hinsicht vorbildliche Deutsche Demokratische Republik bleibt bislang unerreicht.

III. Freispruchsaufen in der Kuscheljustiz

Missverstandene Straftatbestände

Urkundenfälschung

Urkundenfälschung ist, wenn in einer Urkunde etwas Falsches steht, lautet ein populärer Rechtsirrtum. Dabei geht es bei der Urkundenfälschung um die Echtheit bzw. Unverfälschtheit von Urkunden, nicht um deren inhaltliche Wahrheit. Eine Urkundenfälschung liegt vor, wenn der in der Urkunde verkörperte Gedankeninhalt nicht von demjenigen stammt, der aus der Urkunde als Aussteller hervorgeht. Im Übrigen aber kann die Urkunde inhaltlich so falsch sein, wie sie will. Die sog. „schriftliche Lüge“ ist grundsätzlich nicht strafbar.

Legaler Volkssport Spannen

Welcher Mann würde nicht gern heimlich andere beim Sex beobachten, wenn er die Chance dazu hätte? Gefühlte 110 Prozent. Doch die Angst, dabei erwischt zu werden, hemmt sie. Sie glauben, Spannen sei verboten, und widmen sich stattdessen dem Nachtprogramm des Unterschichtenfernsehens. Dabei ist ihre Angst unbegründet, denn Voyeure können nur in Ausnahmefällen bestraft werden. Das Spannen selbst erfüllt keinen Straftatbestand. Der sexuell notleidende Späher kann also unbesorgt nachts mit seinem Fernglas um die Häuser schleichen. Erst wenn er Aufnahmen der kopulierenden Paare machen würde, käme eine Strafbarkeit in Betracht.

Nötigung

„Das ist ja Nötigung!“, wird schnell gerufen, wenn sich jemand belästigt fühlt. Wer einen anderen belästigt, nötigt ihn, lautet der Irrglauben. Nötigung setzt aber die Anwendung von Gewalt oder die Drohung mit einem empfindlichen Übel sowie einen Nötigungserfolg voraus. Für eine Anzeige wegen Nötigung reicht es also nicht aus, wenn jemand ihnen auf die Nerven gegangen ist. Schade eigentlich.

Straftatbestand Flattermann

Wenn ein Verbrecher die Flatter aus dem Kittchen

macht, wird er selbstverständlich eine zusätzliche Strafe aufgebrummt bekommen, glaubt der juristische Laie. Doch die Selbstbefreiung ist straflos. Es gibt keinen Straftatbestand Gefängnisausbruch. Einen Nachschlag gibt es erst, wenn der Gefangene gemeinsam mit anderen oder gewaltsam ausbricht.

Zettel reicht

Nach einem Parkplatzunfall einen Zettel an der Windschutzscheibe zu hinterlassen, reicht vollkommen aus, weiß der rechtstreue Bürger. Mehr macht die Knöllchendomina schließlich auch nicht. Und der Schaden war wirklich minimal. Mit eingekürztem Kofferraum sah das andere Auto ohnehin besser aus. Leider falsch. Denn trotz Zettels begeht Fahrerflucht, wer vom Unfallort verschwindet. Er hat eine angemessene Zeit zu warten oder die Polizei zu rufen. Sonst ist der Lappen weg. Es empfiehlt sich deshalb immer, ein Einmannzelt im Kofferraum dabeizuhaben.

Duzverbot

Ein nicht ausdrücklich erlaubtes Duzen wird von Justitias Schwert als Beleidigung bestraft, liest man regelmäßig. Dabei gibt es kein generelles Duzverbot. Erst mal ist unerwünschtes Duzen nur eine straflose Unhöflichkeit. Der Knigge ist halt immer noch nicht in das Strafgesetzbuch integriert worden. Erst wenn im Einzelfall mit dem Duzen eine Kundgabe der Missachtung oder Nichtachtung verbunden ist, wird das Interesse des Strafrichters geweckt. Lassen Sie beim Duzen einfach den herablassenden Beiklang weg, vor allem, wenn Sie es mit Polizisten zu tun haben, und alles wird gut.

Majestätsbeleidigung

„Das ist sicher keine Majestätsbeleidigung", wird herablassende Kritik gern verharmlost. Jeder weiß schließlich, dass es in Deutschland seit der Abschaffung der Monarchie keine Majestätsbeleidigung mehr gibt. Falsch gedacht! Denn die Verunglimpfung des Bundespräsidenten ist in § 90 StGB unter Strafe gestellt. Es droht Freiheitsstrafe von drei Monaten bis zu fünf Jahren.

Beurkundeter Bierkonsum

Ein Bierdeckel ist nur ein Stück billige Pappe. Deshalb macht es nichts, wenn man ein paar Striche zur Minderung der Zeche wegrubbelt. Nur richtige Dokumente mit Brief und Siegel genießen Strafrechtsschutz. Da irrt der geizige Hopfenjünger. Wenn der Wirt die getrunkenen Biere mit Strichen darauf festhält, wird aus dem Bierdeckel eine Urkunde. Wer diese Urkunde verfälscht, zum Beispiel Striche wegrubbelt, begeht Urkundenfälschung.

Sperrmüllfledderei

Wenn der rechtschaffene Bürger abends seinen Sperrmüll für die Abfuhr am nächsten Tag herausstellt, kreisen die Geier schon. Sperrmüll-Fuzzis fahren mit ihren betagten VW-Bussen auf der Suche nach noch brauchbaren Sachen langsam um die Häuserblöcke. Dabei ist das Hobby Sperrmüllfledderei nichts anderes als Diebstahl. Denn mit dem Herausstellen der Sachen auf die Straße gibt man zwar seine Besitzansprüche auf, bleibt aber Eigentümer bis zu dem Augenblick, in dem die Sperrmüllabfuhr zur Abholung erscheint. Erst dann geht der Sperrmüll in das Eigentum der Stadt oder Kommune über. In der Zwischenzeit ist es keineswegs herrenlos und darf auch nicht von jedermann mitgenommen werden, wie die meisten glauben.

Freispruchsaufen

Als Ausweg aus der Strafbarkeit des Gattenmordes ist schon manchem Mann die Idee gekommen, sich vor der Tat richtig die Hucke vollzusaufen. Denn wer bei Gattinnenentsorgung schwer betrunken war, kann wegen Schuldunfähigkeit nicht bestraft werden. Dieser Irrglauben hat schon viele lange Jahre im Justizschließfach beschert. Natürlich können auch betrunkene Täter bestraft werden. Insbesondere wenn sie sich vorsätzlich betrunken haben, um dann eine Straftat zu begehen. Im Zweifelsfall erfolgt die Bestrafung wegen Vollrausches nach § 323a StGB.

Kuscheljustiz

Messerstecher bekommen Bewährung, jugendliche Intensivtäter werden statt in den Knast auf Erlebnisreisen geschickt. Kuscheljustiz statt Blutgericht. Der mündige Bild-Zeitungs-Leser glaubt, die Justiz würde mit Straftätern zu lasch umgehen. „Für immer wegsperren!", ist eine häufige Forderung bei aufsehenerregenden Taten. Der Stammtisch-Populist verkennt dabei, dass die Gerichte an Strafrahmen gebunden sind. Wenn eine Straftat mit einer Höchststrafe von fünf Jahren bedroht ist und die Gerichte in gleich gelagerten Fällen nie mehr als zwei Jahre verhängen, wäre die Todesstrafe einfach nicht angemessen.

Wie lange ist lebenslänglich?

Generell würde man denken, die lebenslange Freiheitsstrafe dauere bis zum Tod des Knastologen. Aber auch verurteilte Kinderschänder oder Serienmörder haben einen Anspruch auf Resozialisierung, sagen die Gutmenschen. Bei Bild-Zeitungs-Lesern herrscht deshalb das Vorurteil, Lebenslängliche würden spätestens nach 15 Jahren automatisch wieder auf freien Fuß kommen. Auch das ist falsch. Nach frühestens 15 Jahren kann der Strafrest zur Bewährung ausgesetzt werden, § 57a StGB. Es erfolgt also keine automatische vorzeitige Haftentlassung, sondern sie wird im Einzelfall geprüft. Die durchschnittliche Haftzeit „lebenslänglich" Verurteilter beträgt tatsächlich 20 Jahre.

Dreimal lebenslänglich und immer noch nicht frei

Es sind in der Vorstellung mancher auch Verurteilungen zu mehrfach lebenslänglich möglich. Bei Mord vielleicht jeweils ein Mal pro Opfer. Bei drei Toten würde der Mörder dann dreimal lebenslänglich bekommen. Das ist purer Nonsens. Es wird nur einmal lebenslänglich verhängt. Anders in den USA. Dort hat man kein Problem damit, Freiheitsstrafen zu verhängen, die die Lebenserwartung eines Verurteilten von mittlerer Art und Güte ganz erheblich übersteigen. Dreimal lebenslänglich oder 250 Jahre sind dort durchaus vorkommende Strafmaße.

IV. Die Straflosigkeit des Wintereinbruchs

Nicht existente Delikte

Polizistenmord

„Lebenslänglich für Polizistenmord", kann man immer wieder in der Presse lesen. Nicht nur Journalisten glauben, es gäbe einen speziellen Straftatbestand des Polizistenmordes. Dieser existiert tatsächlich nicht. Die Ermordung eines Polizisten wird als normaler Mord oder Totschlag verfolgt. Denn strafrechtlich macht es keinen Unterschied, welchen Beruf das Mordopfer ausübte. Es gibt deshalb auch keinen Politessenmord, keinen Politikermord und auch keinen Vertretermord. Ob es wenigstens als Strafmilderungsgrund angesehen wird, dass die Opfer sämtlich einem der unbeliebtesten Berufe angehörten?

Beamtenbeleidigung

Wer „Bulle“ zu einem Polizisten sagt, begeht eine Beamtenbeleidigung. Dies ist falsch, denn im deutschen Strafrecht ist die Beamtenbeleidigung entgegen einem weitverbreiteten Irrglauben kein eigener Tatbestand, da ein Beamter im Rechtssystem nicht besser gestellt ist als ein anderer Staatsbürger. Es handelt sich um eine „normale“ Beleidigung gemäß § 185 StGB.

Behinderung der Justiz

„Ich kann Sie wegen Behinderung der Justiz festnehmen lassen“, droht der Fernsehkommissar gern, wenn ihm jemand bei seinen Ermittlungen in die Quere kommt. Dabei gibt es im deutschen Recht einen Straftatbestand „Behinderung der Justiz“ nicht. Solche Krimis machen nur Sinn, wenn sie in Amerika spielen, wo es die „Obstruction of Justice“ gibt.

Zechprellerei

Wer sich aus einem Restaurant verpieselt, ohne die Rechnung zu bezahlen, macht sich der Zechprellerei strafbar. Gastwirte drohen zahlungsunwilligen Gästen dann mit einer Anzeige wegen Zechprellerei. Dabei existiert ein Straftatbestand der Zechprellerei in Deutschland überhaupt nicht. Allenfalls käme eine Strafbarkeit wegen Betruges in Betracht, wenn der

Gast schon bei der Bestellung weiß, dass er die Rechnung nicht bezahlen kann oder wird.

Einen Abgang machen

Ein Exjustizsenator sieht seine berufliche Zukunft als professioneller Sterbehelfer. Anstiftung und Beihilfe zum Selbstmord sind doch strafbar, empört sich die Allgemeinheit. Dass müsste ein ehemaliger Justizsenator eigentlich wissen. Alles falsch. Die Beihilfe zum Suizid ist nicht strafbar. Da der Freitod nach deutschem Recht straflos ist, ist auch die Teilnahme an einem fremden Selbstmord straflos.

Rufmord

„Das ist Rufmord!“, empören sich in die öffentliche Kritik geratene Prominente gern. Die Steigerung dieses Unsinns ist dann, Journalisten mit einer Strafanzeige wegen Rufmord zu drohen. Denn es gibt den Straftatbestand des Rufmords gar nicht.

Grober Unfug

Wer groben Unfug verübt, wird schwer bestraft, ist in der Zeitung regelmäßig zu entnehmen. Das ist Unsinn, denn den Straftatbestand des groben Unfugs gibt es schon lange nicht mehr. Er wurde durch die weitaus mildere Ordnungswidrigkeit Belästigung der Allgemeinheit gem. § 118 OWiG ersetzt. Schade eigentlich, sind doch kleine Scherze wie Umdrehen eines Wegweisers, Abmontieren von Radkappen und Klingelstreiche beim Polizeirevier nicht mehr strafbar.

Anzeigen ist erste Bürgerpflicht

Jeder, der von Straftaten erfährt, muss diese anzeigen. Auf die Nichtanzeige geplanter Straftaten steht schließlich lebenslange Zwangsarbeit in den Minen von Rura Penthe. Deshalb pilgern jeden Tag Tausende Denunzianten zur nächsten Polizeiwache und erfüllen ihre Bürgerpflicht. Schon als Kind haben die meisten das richtige Petzen gelernt. Tatsächlich besteht aber nur bei besonders schweren Straftaten eine Anzeigepflicht, z.B. bei Mord, Vorbereitung eines Angriffskrieges und Übernahme der Weltherrschaft. Auch das war vor dem Scheitern der Teilung besser, jedenfalls im Osten.

Bankraub

„Acht Jahre Haft für Bankraub", stand in der Zeitung. Wer eine Bank überfällt, begeht einen Bankraub, weiß der Volksmund. Ein griffiger, aber falscher Begriff. Der Bankraub wird juristisch als räuberische Erpressung eingeordnet, denn ein Raub liegt nur vor, wenn der Täter mittels Gewalt etwas selbst wegnimmt. Wenn das Geld unter Vorhaltung einer Waffe vom Kassierer dem Täter herausgegeben wird, liegt hingegen eine räuberische Erpressung vor. Weil „räuberische Erpressung eines Kreditinstituts“ nicht wirklich gut klingt, wird das Delikt von der Allgemeinheit schlicht Bankraub genannt.

Die Straflosigkeit des Wintereinbruchs

„Es war Einbruch“, sagte der Kommissar gedankenverloren. Interessant, dabei sind die meisten Einbrüche überhaupt nicht strafbar. Der Wintereinbruch ist ebenso wenig strafbar wie der Gewinneinbruch. Andere spektakuläre Brüche sind der Wortbruch, der Wolkenbruch und der Wasserrohrbruch. Alles nicht strafbar. Strafbarkeitslücken wohin man schaut.

Samenraub

„War es Samenraub?“, fragt die Boulevardpresse, wenn wieder mal ein Prominenter ungewollt Vater geworden ist. Sicher nicht, denn dem angeblichen Raubopfer wird ja nichts entwendet, was er gern behalten würde. Das immer männliche Opfer hat es stattdessen sogar eilig, seinen Samen loszuwerden. Die von der Presse so titulierte Samenräuberin kann bei sachgerechter Auswahl des Opfers (wohlhabender Extennisstar?) mit fürstlichen und lebenslangen Unterhaltszahlungen rechnen. Endlich mal ein Verbrechen, das nicht nur Spaß bringt, sondern risikolos ist und sich wirklich lohnt.

V. Wenn die Knöllchendomina lauert

Irrtümer aus dem Straßenverkehr

Flaschen am Steuer

Jeder weiß, dass Alkohol am Steuer verboten ist. Deshalb sieht man auch keine Promillepiloten mit der Bierbuddel in der Hand am Steuer. Der Alkohol wird stattdessen heimlich vor Fahrtantritt in sich hineingeschüttet. Eine übertriebene Vorsichtsmaßnahme, denn Alkoholtrinken am Steuer ist gar nicht verboten. Jedenfalls solange die einschlägigen Promillewerte nicht erreicht werden. Nur das Betrunkensein am Steuer ist verboten, nicht das trinken. Jámas!

Hup mal wieder

Die Hupe ist ein beliebtes und häufig eingesetztes automobiltechnisches Kommunikationsmittel. Man kann damit die Schnarchnase, die vor einem an der Ampel eingeschlafen ist, aufwecken, oder einfach Bekannte oder Freunde an der Straße grüßen. Sie lässt sich auch prima zur Verkehrserziehung einsetzen, indem man andere durch energisches Hupen auf ihre Verkehrsverstöße aufmerksam macht. So glauben sich viele im Recht, wenn sie während der Fahrt die Hand kaum von der Hupe bekommen. Doch legal darf die Hupe nur eingesetzt werden, um andere Verkehrsteilnehmer vor drohenden Gefahren zu warnen oder um außerorts die eigene Überholabsicht anzukündigen. Alle anderen Verwendungen stellen eine Ordnungswidrigkeit dar.

Wer auffährt, hat Schuld

Wenn es hinten kracht, gibt es vorne Geld, freut sich der rechtsschutzversicherte Autofahrer. Denn der Beweis des ersten Anscheins spricht dafür, dass der Hintermann geträumt hat, gerast ist oder ohne Abstand gefahren ist. Doch der Auffahrende hat nicht immer Schuld. Etwa wenn der Vordermann den Hintermann böswillig hat ausbremsen wollen oder für Kleintiere wie Hasen, Igel und Rentner gebremst wurde. Dann muss er den Schaden selber tragen.

Legal parken mit Warnblinker

Um „nur mal kurz“ aus ganz wichtigem Grund, wie Zigaretten oder einen Döner zu holen, anzuhalten, wird das Auto mit eingeschaltetem Warnblinker im absoluten Halteverbot oder in der zweiten Reihe abgestellt. An sich eine Ordnungswidrigkeit, außer man schaltet den Warnblinker ein. Das glauben wirklich erstaunlich viele Parksünder. Ein unter Umständen teurer Rechtsirrtum. Denn das Einschalten des Warnblinkers macht den Parkverstoß nicht ungeschehen. Im Gegenteil zieht das Warnblinklicht nur die Aufmerksamkeit der nächsten Knöllchendomina auf sich. Bitte schlepp mich ab!, ruft das orange pulsierende Licht. Eine Bitte, die nur allzu gern erfüllt wird.

Showdown in der Parklücke

Während der Herr des Hauses noch einkurvt, wird die Frau schon mal zum Freihalten der Parklücke losgeschickt. Es ist erlaubt, eine Parklücke von Angehörigen freihalten zu lassen, lautet die selbst gemachte Parkregel. Sie ist ein weitverbreiteter Rechtsirrtum, denn an einer Parklücke hat Vorrang, wer sie zuerst unmittelbar mit seinem Auto erreicht. Eine Ehefrau ist kein Auto, auch wenn Körperumfang und Gewicht dem eines Mittelklassewagens nahekommen. Der berechtigt einparkende Autofahrer darf die illegale Parkplatzbesetzerin sogar durch den wohldosierten Einsatz seiner Stoßstange zur Freigabe des Parkplatzes bewegen.

Handy am Steuer kommt teuer

Viele arglose Handysünder glauben, nur das Telefonieren mit dem Handy während der Fahrt sei verboten. Doch auch wer die übrigen Handyfunktionen, wie Anzeige der Uhrzeit, Mikrowelle und Vibrator, nutzt, muss mit 40 Euro Bußgeld rechnen. Das gleiche Bußgeld wird für den fällig, der glaubt, beim Stehen an einer roten Ampel dürfe man mit dem Handy telefonieren. Es reicht nicht aus, nur zu stehen, zusätzlich muss der Motor ausgeschaltet oder besser gleich ausgebaut sein.

Keine Quickies im Taxi

„Gehen Sie doch zu Fuß oder nehmen ein anderes Taxi weiter hinten in der Schlange", ist die Antwort mancher Taxler auf das Ansinnen einer Kurzstrecke. Mit einem Taxi nach Paris ist nicht umsonst ihr Lieblingslied. Kraftdroschkenführer dürfen kurze Fahrten ablehnen, lautet die dahinterstehende Rechtsansicht. Sie ist falsch, denn die Beförderungspflicht des Droschkisten gilt für alle Streckenlängen und nicht nur für lukrative Ferntouren.

Fahrerlaubnis und Führerschein ist doch das Gleiche

Dabei ist der Führerschein lediglich das Legitimationspapier für die Fahrerlaubnis. Diese Verwechselung vieler Promillefahrer wirkt sich verheerend bei der Entziehung der Fahrerlaubnis wegen Trunkenheit im Verkehr aus. Denn dabei erlischt die Fahrerlaubnis, dieser Führerschein ist weg, ein für alle Mal. Nicht wenige kommen nach Ablauf der Sperrfrist zum Gericht und wollen ihren Lappen wiederhaben. Sie bekommen ihn aber nicht zurück. Wer wieder fahren will, muss entweder die Führerscheinpflicht ignorieren oder eine neue Fahrerlaubnis erwerben.

VI. Die Handschellen des GEZ-Fahnders

Juristische Märchen über das Schwarzsehen, das Internet und das Raubkopieren

Wenn der GEZ-Fahnder zweimal klingelt

Das Glück eines jeden Schwarzsehers wird eines Tages durch den Hausbesuch eines Rundfunkgebührenbeauftragten getrübt. Der Mann Mitte vierzig, mit Hemd, Schlips und Anzug im typischen Beamtenoutfit, begehrt herrisch und einschüchternd Auskunft und Einlass. Wenn man den GEZ-Fahnder nicht hereinlässt, kommt er mit einem Hausdurchsuchungsbeschluss und einem Sondereinsatzkommando wieder, glauben viele und gestehen spontan das Schwarzsehen seit dem Beginn regelmäßiger Fernsehausstrahlungen im Jahre 1952. Dabei hätte die einzig angemessene Antwort darin bestanden, dem GEZ-Mann die Tür vor der Nase zuzuschlagen. Sie sind keine Beamten und haben nicht mehr Rechte als ein Versicherungsvertreter. Gegen den Willen der Bewohner dürfen sie keine Wohnung betreten, und Durchsuchungsanordnungen werden von der GEZ grundsätzlich nicht beantragt, geschweige denn von irgendeinem Richter erlassen.

Das wilde Internet

Viele Internet-Benutzer sind irrtümlich der Meinung, dass das World Wide Web wegen seiner weltweiten Verbreitung und seiner Anonymität ein „rechtsfreier Raum" sei. Im Internet herrsche deshalb ein System der Anarchie, als ob jeder tun und lassen könne, was und wie er will. Weit gefehlt. Law and Order gelten natürlich auch dort. In den Anfangsjahren der Datenautobahn mag es einen gefühlten rechtsfreien Raum gegeben haben, da sich die Ermittlungsbehörden dafür zunächst nicht interessierten. Inzwischen interessieren sich die Behörden aber brennend für Internetstraftaten. Am liebsten würde die Internet-Polizei rein vorsorglich jeden einzelnen Computer online durchsuchen.

Millionen Bundestrojaner warten wie Bluthunde nur darauf, von der Kette gelassen zu werden.

Raubkopierer sind Verbrecher

Handschellen, gestreifte Kleidung und Gitterstäbe, das sind in den Werbespots der Filmindustrie die Konsequenzen für Raubkopierer. „Raubkopierer sind Verbrecher", so die Botschaft. Das ist eine leicht zu durchschauende und haltlose Drohgebärde. Schon die Bezeichnung des harmlosen Kopierens mit dem Tatbestand eines Raubes ist eine groteske Übertreibung. Tatsächlich sind Urheberrechtsverletzungen Vergehen und keine Verbrechen. Um als Verbrechen klassifiziert zu werden, müsste die Tat mit mindestens einem Jahr Freiheitsstrafe bedroht sein, was sie nicht ist. Selbst wenn der Raubkopierer tonnenweise und gewerbsmäßig Raubkopien herstellt, droht keine Gefängnisstrafe. Wer nur Kopien zum privaten Gebrauch macht, hat maximal ein Popeldelikt begangen und in der Regel nichts zu befürchten.

VII. Zeitraub, Benzinpreiswucher & Hirndiebstahl

Straftatbestände, die wir gerne sehen würden

Wählerbetrug

Politiker versprechen den Bürgern im Wahlkampf ein ganzes Füllhorn von Wohltaten. Abschaffung der Steuern, blühende Landschaften und Freibier für alle. Später werden diese Wahlversprechen ausnahmslos gebrochen und das völlig folgenlos. Der Wählerbetrug ist bislang nicht strafbar. Das sollte schleunigst geändert werden.

§ 359 StGB Wählerbetrug: Wer in der Absicht, sich oder seiner Partei zum Wahlsieg zu verhelfen, durch Vorspiegelung falscher oder durch Entstellung oder Unterdrückung wahrer Tatsachen einen Irrtum erregt oder unterhält und hierdurch Stimmen erhält, wird mit

Freiheitsstrafe von einem Jahr bis zu zehn Jahren bestraft.

Kundenkarte

„Haben Sie eine Kundenkarte?", nervt das Dauerwellenimitat jedes Mal an der Kasse. Nach einem verneinenden Kopfschütteln des Kunden wird nachmunitioniert: „Möchten Sie eine?" Wenn dies wieder verneint wird, wird die Kassiererin misstrauisch. „Sie sammeln keine Punkte, Meilen oder Digits? Wollen Sie etwa kein Geld sparen?" Als ob ein halbes Promille Rabatt eine angemessene Gegenleistung für die Preisgabe der Einkaufs- und Konsumgewohnheiten sowie sämtlicher persönlicher Daten wäre. Diese Belästigung muss aufhören und sollte als irreführende Werbung verboten werden.
§ 5 UWG Irreführende Werbung: (6) Es ist irreführend, für eine Kundenkarte zu werben, die im Austausch gegen persönliche Daten keinen angemessenen Rabatt gewährt. Angemessen ist im Regelfall ein Rabatt von nicht unter zehn Prozent. Als Werbung ist bereits die Frage nach dem Besitz einer Kundenkarte anzusehen.

Zeiträuber

Die Zeiträuber lauern überall. Der Vertreter an der Haustür, der Arzt, der den Patienten trotz Termin drei Stunden warten lässt und der Telekomtechniker, der

sein langersehntes Kommen für Montag bis Freitag angekündigt hat – sie alle stehlen unser kostbarstes Gut, unsere Lebenszeit. Jeder kennt das und nimmt es klaglos hin, da Zeitdiebstahl nicht strafbar ist. Noch nicht!
§ 242 a StGB Zeitdiebstahl: Wer die zeitlichen Ressourcen eines anderen unnötigerweise und nicht nutzbringend verschwendet, wird mit Freiheitsstrafe bis zu fünf Jahren oder mit Geldstrafe bestraft.

Benzinpreiswucher

Immer kurz vor den Feiertagen oder den Ferien steigen die Benzinpreise drastisch, um gleich wieder zu fallen, wenn der Anlass vorüber ist. Oder noch die kleinste Krise in Tuvaluka wird zur Begründung von explodierenden Preisen herangezogen. Dabei muss die Krise nicht einmal ein erdölförderndes Land betreffen. Auffällig ist auch, dass sich Preise der einzelnen Tankstellenketten kaum voneinander unterscheiden. Man muss nicht paranoid sein, um den Verdacht zu hegen, dass der Preis an der Zapfsäule schon längst nichts mehr mit dem tatsächlichen Wert des Benzins zu tun hat und unter den Konzernen abgesprochen wird. Die Ausbeutung der Autofahrer gehört verboten.
§ 291 a StGB Benzinpreiswucher: Wer die Zwangslage der Autofahrer dadurch ausbeutet, dass er sich oder einem Dritten für den Verkauf von Mineralölprodukten

Vermögensvorteile versprechen oder gewähren lässt, die in einem auffälligen Missverhältnis zu seinem wirklichen Wert stehen, wird mit Freiheitsstrafe bis zu fünf Jahren oder mit Geldstrafe bestraft.

Heraushängende Ärsche

Hüftjeans sind extra so geschnitten, dass etwas herausguckt. Wenn die meist weibliche Trägerin sich bückt oder hinsetzt, quillt der Arsch heraus. Der männliche Beobachter kann einen Blick in den Grand Canyon werfen, dessen Spalte durch die Schnur des Strings nur notdürftig verhüllt ist. Darüber thront meist ein Schlampenstempel. Dabei überschätzen die meisten Frauen die erotisierende Wirkung des hinten getragenen Dekolletees. Das, was die Frauen da entblößen, ist oft ihre Hauptproblemzone. Kein schöner Anblick und auch kein Zeichen eines sittenreinen Lebenswandels.

§ 118 a OWiG: Ordnungswidrig handelt, wer durch eine unzüchtige Handlung öffentlich Ärgernis erregt. Das Tragen einer den Hintern nicht vollständig bedeckenden Hose ist als unzüchtige Handlung anzusehen. Die Ordnungswidrigkeit kann mit einer Geldbuße von bis zu 1000 € geahndet werden.

Globalisierte Vornamen

Indiana, Shiloh-Nouvel und Cheyenne, so werden Babys heute genannt. Das wirkt vor allem in der Kombination mit deutschen Nachnamen ungewollt komisch: Indiana Müller, Shiloh-Nouvel Meier und Cheyenne Schulze. Es muss ein englischer Vorname sein und ein bisschen nach Hollywood klingen, denken offenbar viele Eltern. Solche

einzigartigen Namen wecken Assoziationen auf ein ganz besonderes Leben. Was aber, wenn aus Indiana kein Schauspieler, sondern ein Beamter und aus Cheyenne keine Sängerin, sondern eine Frisörin wird? Dann haben sie einfach nur einen beschissenen Vornamen, der verboten gehört.
§ 22 a PersStdG: Der Vorname muss deutscher Herkunft sein.

Flimmernder Hirndiebstahl

Die Ganztagsbestrahlung durch den flimmernden Lebensabschnittsgefährten führt bekanntlich zur Verblödung weiter Bevölkerungskreise. Wer mehrere Stunden am Tag in das Verblödungsendgerät glotzt, verliert schleichend sein Denkvermögen. Irgendwann reicht die Restintelligenz gerade noch zum Drücken der Fernbedienung aus. Dabei ist der tägliche Hirndiebstahl an Millionen Opfern bisher nicht strafbar. Das muss schnellstens geändert werden.
§ 223 a StGB Entziehung des Intellekts: Wenn ein Fernsehsender die kognitiven Fähigkeiten eines Menschen mittels eines qualitativ minderwertigen Programms entzieht, wird er, wenn er die Handlung in der Absicht begeht, die Einschaltquoten und damit die Werbeeinnahmen zu steigern, mit Sendeverbot von sechs Monaten bis zu zehn Jahren bestraft.

VIII. Der Offenbarungseid der Frustzwerge

Rechtsmythen aus dem Zivilrecht

Vorsicht! Bissiger Hund

Nachdem Pitbull Brutus einen Briefträger, einen Vorwerk-Drücker und zwei Nordic-Walking-Krüppel zerfleischt hat, denkt Günther F.: diese ständigen Schmerzensgeldklagen sind schon recht lästig. Wenn er ein Warnschild aufhängt, kann er der Haftung entgehen. Doch leider lässt sich die Tierhalterhaftung nicht durch ein einfaches Warnschild aushebeln. Ein aggressiver und bissiger Hund ist sicher zu verwahren. Der Halter kann sich seiner Sorgfaltspflicht nicht durch Aufstellen von Schildern entledigen.

Nuttenpreller vor Gericht

Prostitution gilt immer noch als sittlich anstößig. Und was sittenwidrig ist, braucht nicht bezahlt zu werden. So glaubt der Freier, der keine Vorkasse leisten musste, er könne rechtlich nicht zur Zahlung des Liebeslohns gezwungen werden. Da irrt der Nuttenpreller. Seit Einführung des Prostitutionsgesetzes im Jahr 2002 besteht in Deutschland für die Prostituierte ein durchsetzbarer Rechtsanspruch auf Bezahlung. Tausender Muskelmänner, die zuvor die unbürokratische Eintreibung des Geldes besorgt haben, mussten sich wohl arbeitslos melden.

Löchriges Bankgeheimnis

„Vertrauen ist der Anfang von allem", wirbt eine große deutsche Bank. Wie gut, dass es das Bankgeheimnis gibt und kein Dritter etwas von meinen Vermögensverhältnissen erfährt, denken die meisten Bankkunden. Ehefrau, Gläubiger und Finanzamt könnten sonst Begehrlichkeiten entwickeln. Dabei existiert ein gesetzliches Bankgeheimnis in Deutschland nicht. Die Verschwiegenheitspflicht der Banken ist lediglich als vertragliche Zusicherung in deren Allgemeinen Geschäftsbedingungen ausgestaltet. Durch vielfältige Auskunftspflichten gegenüber dem Staat ist dieses Bankgeheimnis allerdings so durchlöchert wie ein Schweizer Käse. Dort wäre das Geld ohnehin besser aufgehoben, denn in der Schweiz gibt es ein gesetzlich vorgeschriebenes Bankgeheimnis, das seinen Namen auch verdient.

Handtuchinvasion

Kurz nach Sonnenaufgang und weit vor dem Frühstück schleicht der deutsche Besatzer zum Pool oder Strand und reserviert seine Liege mit einem Handtuch. Schließlich sind Handtücher auf Liegestühlen das Zeichen von bindenden, über den ganzen Tag abgeschlossenen entgeltlosen Leihverträgen. Altgermanisches Recht, das überall auf der Welt gültig ist. Falsch gedacht. Ein herrenloses Handtuch vermittelt keinen Besitzanspruch. Jeder andere Urlauber kann das Handtuch wegnehmen und sich auf die freie Liege legen. Da müsste sich der deutsche Pauschaltourist schon etwas mehr Mühe geben. Mein Vorschlag: Mit dem Akkuschrauber ein vorbereitetes Schild mit Aufschrift „Diese Liege gehört … Zuwiderhandlungen werden mit dem Tode bestraft" an die Lieblingsliege dübeln.

Urlaub zum Nulltarif

Bewaffnet mit Digital- und Videokamera startet mancher Neckermann seinen Urlaub mit dem festen Vorsatz, so viele Reisemängel wie möglich zu entdecken, um hinterher vom Veranstalter so viel Geld wie möglich zurückzuverlangen. Mit detektivischem Spürsinn und vielleicht einem Elektronenmikroskop werden Reisemängel auch in Ecken entdeckt, in denen ein normaler Mensch nie nach ihnen suchen würde. Nach Rückkehr wird dem Reiseveranstalter dann die Rechnung präsentiert: Rückzahlung des kompletten Reisepreises plus 1000 € Schmerzensgeld für entgangene Urlaubsfreude. Der Irrtum des Geiz-ist-geil-Urlaubers besteht in der Höhe der erreichbaren Reisepreisminderung. Diese wird üblicherweise nach der Frankfurter Tabelle berechnet, die dürftige Minderungsquoten im Promillebereich pro Reisemangel angibt. Für den erstrebten Urlaub zum Nulltarif müssten sich schon ein paar hundert wirklich massive Mängel aufsummieren.

Gartenzwerge unter Artenschutz

Für manche Nachbarn sind Gartenzwerge Symbole der Engstirnigkeit und Dummheit. Sie klagen auf deren Beseitigung. Dies fast immer erfolglos, denn Gartenzwerge unterfallen dem Artenschutz. Doch wer glaubt, dadurch einen Freibrief zur Aufstellung aller Gartenzwerge zu haben, irrt. Denn dies gilt nur für reinrassige Zwerge. Nicht dem Artenschutz unterfallen die sog. „Frustzwerge", die dem Nachbarn den berühmten Stinkefinger und ihren nackten Allerwertesten entgegenstrecken. Auch nicht geschützt sind exhibitionistische Gartenzwerge, unter deren geöffnete Mäntel „männliche Genitalien in nicht erigiertem Zustand" zu sehen sind. Kleiner Tipp am Rande: Obwohl sie unter Artenschutz stehen, ist der Gartenzwergmord nicht strafbar. In Betracht käme insoweit nur das vernachlässigbare Delikt der Sachbeschädigung.

Leihwagen umsonst

Bei Unfall oder auf Reisen wird ein Leihwagen benötigt, den die Autovermieter gern zur Verfügung stellen. Eine Leihe ist die auf einem Vertragsschluss basierende unentgeltliche Überlassung einer Sache für eine bestimmte Zeit, § 598 BGB. Wörtlich genommen müsste es den Leihwagen umsonst geben. Darauf werden sich die wenigsten Autovermieter einlassen. Sie wollen Miete kassieren. Deshalb gibt es bei Autovermietern keine Leihwagen, sondern ausschließlich Mietwagen.

Strandräuber schleppen schwer

Wenn das Meer etwas ausspuckt, sind die Strandräuber sofort zur Stelle. Vom Rettungsring bis zum Containerschiff wird alles weggeschleppt. Sie folgen einer jahrhundertealten Tradition, nach der angeschwemmtes Strandgut als herrenlos galt. Doch diese schöne Tradition hat sich bereits mit Einführung des Bürgerlichen Gesetzbuches im Jahre 1900 erledigt. Wertvolles Strandgut, wie z.B. ein angeschwemmter Flugzeugträger, muss bei der zuständigen Gemeinde abgegeben werden. Für den Finder gibts nur zehn Prozent des geschätzten Wertes.

Rechtsweg ausgeschlossen

„Der Rechtsweg ist ausgeschlossen“, heißt es bei Preisausschreiben und Quizsendungen immer. Juristisch ist das Unsinn, denn nur weil der Rechtsweg im Winter nicht gestreut wird, kann er nicht einseitig ausgeschlossen werden. Derartige Formulierungen können ignoriert und auf Auszahlung des Gewinns geklagt werden. Vorausgesetzt, man hat gewonnen.

Unbestellte Ware kostet Geld

Unbestellte Ware muss entweder bezahlt oder zurückgeschickt werden. Das ist falsch. Wenn Sie etwas zugeschickt bekommen, ohne es bestellt zu haben, sind Sie zu nichts verpflichtet. Auch wenn Sie das Paket annehmen, öffnen und den Gegenstand benutzen, gehen Sie keinen Vertrag mit dem Absender ein. Der Verbraucher kann die Sache nach seinem Belieben ge- und verbrauchen. Warum nur bekommen ich so wenig unbestellte Ware, vor allem von den Sachen, die ich dringend brauche, wird sich deshalb mancher fragen.

Haben Sie es unpassend?

Geld ist Geld, ob groß oder klein, glaubt der Volksmund. So gibt es Leute, die wollen ihre Packung Zigaretten in Ein-Cent-Stücken bezahlen. Andere knallen zur Bezahlung der Bild-Zeitung einen 500-Euro-Schein auf den Tresen. Obwohl auch kleine Münzen und große Scheine gesetzliche Zahlungsmittel sind, ist der Handel nicht verpflichtet, sie in beliebiger Stückelung anzunehmen. Der Händler muss maximal 50 Münzen als Bezahlung akzeptieren. Auch große Scheine müssen nicht immer akzeptiert werden. Der Händler kann die Annahme großer Scheine wirksam in seinen Allgemeinen Geschäftsbedingungen ausschließen. Er kann die Annahme auch verweigern, wenn der Schein im Verhältnis zum Kaufpreis unverhältnismäßig groß ist.

Umtausch von Möbelruinen

Ein unmögliches Möbelhaus aus Schweden vertreibt bekanntlich Bausätze mit so wohlklingenden Namen wie „Rekdal“ (für ein Bett). Leider gelingt es nicht jedem Hobbyschrauber, aus den vielen kleinen Brettchen, Schrauben und Stiften ein funktionierendes Möbelstück zu zimmern. Schnell wird die halbfertige Möbelruine verschämt im Keller entsorgt, denn jedermann weiß, dass selbst aufgebaute Möbel nicht umgetauscht werden können. Ein teurer Irrtum, denn die gesetzliche Gewährleistung gilt auch für selbst aufgebaute Möbel. Also die Brettersammlung schnell in den Kofferraum schmeißen und dem gelbblauen Möbeldealer auf den Reklamationstresen kotzen.

Lockvogelangebote

Das Sonderangebot im Flyer des Discounters klang verheißungsvoll. Das rechtfertigte auch das Aufstehen zu nachtschlafender Zeit und das Schlangestehen vor Ladenöffnung. Der Schock kommt dann regelmäßig beim Blick in die Grabbelraufe: Das Sonderangebot ist bereits ausverkauft. Es ist Sache des Discounters, wie viele Artikel eines Sonderangebots er vorrätig hat, denkt der Kunde und schlurft enttäuscht davon. Der Kunde irrt. Grundsätzlich entbindet der Zusatz „Solange der Vorrat reicht“ den Händler nicht von seiner Pflicht, die Ware in ausreichender Menge vorzuhalten.

Dabei müssen Sonderangebote mindestens zwei Tage vorrätig sein. Allerdings kann der Kunde wenig gegen diese Lockvogelwerbung machen, denn die Wettbewerbsverletzung kann nur von Konkurrenten oder Verbraucherzentralen juristisch verfolgt werden.

Verträge nur schriftlich

Manche meinen, Verträge hätten nur dann Rechtskraft, wenn sie schriftlich abgefasst sind. Verträge sind aber nicht nur gültig, wenn sie auf dem Papier stehen, nur für wenige ist die Schriftform vorgeschrieben. Verträge brauchen keine besondere Form, können auch durch schlüssiges Handeln oder mündlich zustande kommen. Einen Vertrag per Handschlag zu schließen birgt allerdings das Problem der Beweisbarkeit. Denn ein mündlicher Vertrag ist das Papier nicht wert, auf dem er geschrieben steht.

Die Katze im Sack

„Das Öffnen der Verpackung verpflichtet zum Kauf", ist regelmäßig auf Schildern in den Geschäften zu lesen. Das ist juristischer Dummenfang. Niemand kann gezwungen werden, etwas zu kaufen, was er nicht haben will. Natürlich darf der Kartongucker die Ware nicht beschädigen. Wenn man den Karton nicht gerade mit einer Kettensäge geöffnet hat, schuldet man dem Dealer aber lediglich einen Streifen Klebeband.

Umtausch nur mit Kassenbon

Solche Schilder nehmen viele beim Einkauf für bare Münze. Ist der Kassenzettel futsch, verzichten sie auf eine Reklamation. Dabei ist ein Kassenbeleg nicht nötig, wenn man andere Beweise für den Kauf in dem Laden hat. Ein Zeuge, der Kontoauszug über die EC-Karten-Zahlung oder ein paar aufs Maul können die fehlende Quittung durchaus ersetzen.

Advocard – und der Anwalt hilft sofort

In der Werbung ist die Lösung bei juristischen Problemen ganz einfach: Sie legen dem Rechtsanwalt Ihrer Wahl einfach die Karte ihrer Rechtsschutzversicherung vor, und er hilft ihnen sofort. Aus zwei Gründen ist eine Rechtsschutzversicherung nicht das versprochene Rundum-sorglos-Paket: Erstens enthalten Rechtsschutzversicherungen zahlreiche Ausschlussklauseln. Eigentlich ist alles vom Arbeitsrecht bis zum Zivilrecht nicht vom Versicherungsschutz abgedeckt. Zweitens deckt die Rechtsschutzversicherung bestenfalls die Verfahrenskosten ab, ihre Einschaltung steigert jedoch nicht die Erfolgschancen. An dem Grundsatz „Auf hoher See und vor Gericht ist dein Leben in Gottes Hand“ kann sie auch nichts ändern.

Offenbarungseid

„Popstar leistet Offenbarungseid" ist regelmäßig in der Zeitung zu lesen. Nach dem schnellen Reichtum kam die schnelle Pleite. Es war wie sooft doch nur ein One-Hit-Wonder. Doch der Ex-Star muss trotzdem keinen Offenbarungseid leisten. Dieser wurde bereits 1970 abgeschafft und durch die eidesstattliche Versicherung ersetzt. Allerdings eine folgenlose Gesetzesänderung. Umgangssprachlich wird für „Die Hand heben" weiterhin Offenbarungseid gesagt.

Reich durch Schmerzen

2,7 Millionen US-Dollar Schadenersatz für verschütteten Kaffee in dem Restaurant zur Goldenen Möwe. In den Medien ist täglich von geradezu astronomischen Schadenersatzsummen zu lesen. Da sieht auch mancher Deutsche einen Prozess als legitime Alternative zum Lottospielen. Mehr als eine Bagatellverletzung und eines scharfen Anwalts bedarf es dazu nicht. Doch in Deutschland ist Reichwerden durch Prozessieren ein juristisches Märchen. Denn die deutschen Gerichte sind im Unterschied zu den amerikanischen recht knauserig mit Schmerzensgeld. Mehr als ein paar Peanuts wird der geldgeile Rechthaber nicht erwarten dürfen.

IX. Das Abwohnen von Nachmietern

Irrglauben aus dem Mietrecht

Täglich Besichtigung

Die Vermieter sind mehrheitlich der Auffassung, sie dürften jederzeit in die Wohnung. Mal abends spontan mit zehn Kaufinteressenten vorbeigeschaut, kann doch kein Problem sein. Das ist reines Wunschdenken. Der Großgrundbesitzer muss sein Kommen anmelden und begründen. Fehlt ein konkreter Grund für den Besuch oder eine Anmeldung, kann der Mieter seinem Vermieter die Tür vor der Nase zuschlagen. Wenn er Glück hat, steht der Zeuge Jehovas vom Nachmittag noch da und tröstet ihn.

Die drei heiligen Nachmieter

Wer drei Nachmieter stellt, muss sich nicht an Kündigungsfristen halten, lautet ein weitverbreiteter Irrglaube. Tatsächlich kann sich der Vermieter ganz allein aussuchen, an wen er seine Wohnung vermietet. Wenn der Vermieter den Bordellwirt samt Belegschaft, die Großfamilie mit Migrationshintergrund oder das streitlustige Lehrerehepaar ablehnt, kann man nichts machen. Eine vorzeitige Haftentlassung gibt es grundsätzlich nur mit Zustimmung des Vermieters.

Kaution abwohnen

Das Abwohnen der Kaution am Ende der Mietzeit ist ein Volkssport. Der Mieter stellt zwei oder drei Monate vor Vertragsende einfach die Mietzahlung ein und verrechnet sie mit der Kaution. Bei dem Abwohnen der Kaution handelt es sich um eine hartnäckige Mietlegende. Der Mieter darf am Ende des Mietverhältnisses nicht vorsorglich Kaution mit der Miete gegenrechnen, denn die Kaution ist erst fällig, wenn nach dem Auszug und nach der Wohnungsübergabe feststeht, dass es keine Schäden gibt und alles bezahlt ist. Erst dann muss der Vermieter Kaution und Zinsen zurückzahlen. Hierfür steht dem Vermieter nach Auszug eine sechsmonatige Überlegungs- und Prüfungsfrist zu.

Raufaser weiss

Der Mieter muss die Wohnung nach seinem Auszug weiß gestrichen zurückgeben, ist eine verbreitete Vorstellung. Helles Unbunt ist in den Augen vieler Vermieter die einzig zulässige Wandfarbe. Es gibt aber keinen mietrechtlichen Grundsatz, wonach Weiß die einzige Farbe ist, in der ein Mieter seine Wohnung nach dem Auszug übergeben darf. Auch andere gedeckte Farben wie Behördengrau, Rentnerbeige und Höhlenmalerei sind zulässig.

X. Die Schnecke im Salat

Juristische Überraschungen
im Restaurant

Tischreservierungen sind unverbindlich

Viele halten eine Reservierung für einen unverbindlichen Service des Fresstempels. Wenn man dann nicht erscheint, macht das nichts. Weit gefehlt! Wer einfach nicht kommt, kann sich schadenersatzpflichtig machen. Der Gastronom kann einen entgangenen Gewinn dafür geltend machen, dass er andere Gäste hat abweisen müssen.

Geduld ist eine Tugend

Aber nicht, wenn man mit knurrendem Magen auf sein Essen wartet. Lange Wartezeit reduziert den Essenpreis. Kein Gast muss es hinnehmen, in einem Restaurant endlos lange auf sein Essen zu warten. Bei einer 30-tägigen Wartezeit darf er zum Beispiel den Preis um 3000 Prozent kürzen. Ein Trost: Verhungert der Gast am Tisch, so muss der Gastwirt die Beerdigung bezahlen.

Pisseria nur gegen Wegezoll

Immer öfter wird der Zugang zu den Abortanlagen in Gaststätten von einem resoluten Zerberus bewacht, der 50 Cent für die Benutzung verlangt. Ist das rechtens? Der Gastwirt würde dann für jedes Getränk zweimal abkassieren. Einmal bei seiner Bestellung und später dann bei seiner Verklappung. Auch wenn es heute nicht mehr ausdrücklich im Gesetz steht, müssen Toiletten in Gaststätten kostenlos zur Verfügung gestellt werden.

Geschmackssache

„Es schmeckt katastrophal", kommentiert mancher Gast die fade und fettige Essensimitation und lässt sie in die Küche zurückgehen. Doch muss es der Wirt zurücknehmen, wie viele glauben? Die Antwort ist nein, denn über Geschmack lässt sich bekanntlich nicht streiten. Anders wäre es nur bei echten Mängeln, wie zum Beispiel der Schnecke im Salat, der Schrotkugel im Rehrücken oder der versehentlich abgehackten Hand des Kochs als Fleischbeilage.

„Herr Ober, nicht zahlen, bitte!"

Wenn man den Tellerträger dreimal zum Kassieren gerufen hat, darf man ohne zu bezahlen gehen. Ins-

geheim hofft deshalb mancher Gast auf die Schwerhörigkeit des Kellners. Doch der Adipositasjünger irrt. Zeitweise Ignoranz des Trinkgeldwinslers lässt die Zeche nicht entfallen, sondern wirkt sich nur Trinkgeld mindernd aus. Er müsste versuchen, bei dem Tresengremlin zu zahlen oder zumindest Namen und Body-Maß-Index hinterlassen.

XI. Von Ehekrüppeln und tollwütigen Kindern

Juristische Legenden aus dem Familienrecht

Eheliche Sexpflicht?

Sex in der Ehe ist freiwillig, glauben 110% aller Gattinnen. Alles andere ist Vergewaltigung in der Ehe. Das ist falsch, denn der Bund fürs Leben verpflichtet grundsätzlich zum Beischlaf. Die Frau genügt ihren ehelichen Pflichten nicht schon damit, dass sie die Beiwohnung teilnahmslos geschehen lässt. Die Ehe fordert von ihr eine Gewährung in ehelicher Zuneigung und Opferbereitschaft und verbietet es, Gleichgültigkeit oder Widerwillen zur Schau zu tragen (BGH NJW 1967, S.1078). Man kann diese sich aus § 1353 BGB ergebende Ehepflicht sogar einklagen. Das nützt dem sexuell frustrierten Ehekrüppel nur gar nichts, da ein Urteil auf „Herstellung des ehelichen Lebens“ nicht vollstreckbar ist, § 888 Abs. 3 ZPO. Man stelle sich ansonsten den Gerichtsvollzieher vor, der am Ende des Ehebettes steht und den Vollzug des ehelichen Verkehrs überwachen muss.

Treue ist abgeschafft

Ehebruch ist nicht mehr strafbar und stellt auch keinen Scheidungsgrund mehr dar. Vorbei sind die Zeiten, als auf Ehebruch noch das Abschneiden der Nase stand. Da frohlockt mancher Verheiratete, der das Hobby Fremdgehen für sich entdeckt hat. Er freut sich zu früh, denn auch heute noch ist das Gebot der ehelichen Treue als unverzichtbares Element der Einehe als Rechtspflicht anerkannt. Wer diese

Pflicht verletzt, beweist seine ehrlose Gesinnung und riskiert, dass seine Unterhaltsansprüche verwirkt sind.

Eine Ohrfeige schadet nicht

Die Blagen können ihre Erzeuger manchmal zur Weißglut treiben. Verständlich, wenn den Sorgeberechtigten dann mal die Hand oder der Baseballschläger ausrutscht. Schließlich steht ihnen das elterliche Züchtigungsrecht zu. Wer als Eltern so handelt, steht schon mit einem Bein im Gefängnis. Das elterliche Züchtigungsrecht wurde 2000 abgeschafft. Nach § 1631 BGB haben auch tollwütige Kinder ein Recht auf gewaltfreie Erziehung. Umgekehrt gilt das leider nicht. Wenn der kleine Philipp mit Schaum vor dem Mund kratzt, beißt und schlägt bleibt den geplagten Eltern nur übrig, die Super-Nanny von RTL herbeizutelefonieren.

Kinder haften für ihre Eltern

„Betreten verboten. Eltern haften für ihre Kinder." So steht es auf Schildern an Baustellen in ganz Deutschland. Dies ist einer der populärsten Rechtsirrtümer überhaupt. Denn Eltern haften nur ausnahmsweise bei Verletzung ihrer Aufsichtspflicht gem. § 832 BGB. Und selbst für Kleinterroristen ist die Zwingerpflicht inzwischen aufgehoben. Ansonsten müssen Kinder über sieben Jahren die von ihnen verschuldeten Schäden selbst bezahlen. Das kann mit 10 Talern Taschengeld im Monat ganz schön lange dauern.

XII. Faule Lohnsklaven und das Recht zur Lüge

Arbeitsrechtliche Fehleinschätzungen

Nichts als die Wahrheit

Im Bewerbungsgespräch muss der Bittsteller die Wahrheit sagen. Im Grundsatz eine noble Haltung, gilt dies jedoch nicht in jedem Fall. Bei unzulässigen Fragen steht dem Bewerber ein Recht auf Lüge zu. Unzulässig sind etwa Fragen nach einer bestehenden Schwangerschaft, Schönheitsoperationen und ob Sie gern dreckige Unterwäsche tragen.

Lieber krankfeiern als gesund schuften

Viele Lohnsklaven halten eine Kündigung, die während ihrer Erkrankung ausgesprochen wird, für unwirksam.

Tatsächlich ist nach dem Kündigungsschutzgesetz die Kündigung wegen Krankheit einer der Hauptanwendungsfälle der personenbedingten Kündigung. Sie kann auch während einer Krankheit ausgesprochen werden.

Antidiskriminierungsgesetz

Es verbietet jede Form der Diskriminierung. So muss es sich ein Arbeitnehmer, der nur 10 % der Arbeit schafft, nicht mehr gefallen lassen, „faul" und „langsam" genannt zu werden. Das wäre eine Diskriminierung von Menschen mit unterdurchschnittlicher Leistungsfähigkeit. Schön wär's. Das Allgemeine Gleichbehandlungsgesetz, so der amtliche Titel des Antidiskriminierungsgesetzes, verbietet nicht jede Form der Diskriminierung. Vielmehr verbietet es Diskriminierungen nur dann, wenn diese auf bestimmten, im Gesetz genannten Merkmalen beruhen, zum Beispiel Rasse oder Geschlecht. Faulheit gehört nicht dazu.

Bücher, die Spass bringen!

Falk van Helsing
Der Sprachschatz der Juristen
ISBN 978-3-8303-3147-6

Falk van Helsing
Der Sprachschatz der Beamten
ISBN 978-3-8303-3180-3

Murat Topal
POLIZEI für Anfänger
ISBN 978-3-8303-3182-7

Claus Kühnhold/Thomas Plaßmann
Cartoons für Juristen
ISBN 978-3-8303-4184-0

Erisch Rauschenbach
Viel Spaß mit Juristen
ISBN 978-3-8303-4091-1

www.lappan.de